AF259939

UN COUP D'OEIL

SUR

LA SITUATION

PAR

CONSTANT GUIMARD.

NANTES

CHEZ TOUS LES LIBRAIRES.

—

1876.

UN COUP D'OEIL

SUR

LA SITUATION

PAR

CONSTANT GUIMARD.

NANTES

CHEZ TOUS LES LIBRAIRES,

—

1876.

Nantes, Imprimerie CHARPENTIER, A. Boucherie et C°, succ.

UN COUP D'OEIL

SUR

LA SITUATION

Au moment de franchir le seuil de l'éternité, l'un des Prélats qui ont fait le plus d'honneur à l'Épiscopat français, promena son regard scrutateur sur la scène du monde qu'il allait quitter, et dit à son peuple aux reflets lumineux de l'auréole de l'immortalité : « A l'heure présente, le ciel est sombre ; de près comme de loin, se montrent, sous des formes sinistres, des signes précurseurs de l'orage. L'Église est la plus menacée par ces bruits sourds, qui grondent dans les profondeurs de l'espace, mais les sociétés elles-mêmes seront rudement ébranlées par l'explosion des maux qu'ils annoncent. Alors, ô Cœur sacré, dilatez à l'infini la plaie que vous a faite la lance, c'est-à-dire l'avenue par laquelle on pénètre dans le creux du rocher vivant, qui est Vous-même : *Petra autem erat Christus !* »

Six mois se sont écoulés depuis que ces paroles prophétiques résonnèrent sous les voûtes mysté-

rieuses du portique de l'autre monde, d'où elles s'é-
chappèrent comme un adieu de ce Pontife vénéré
quittant la terre pour le Ciel. Eh! pas un événement
qui ne soit venu compliquer cet inexprimable mélange
de terreur et d'espérance, qui rappelle ce drame
plein d'émotions poignantes dont les rives du Cydnus
furent le théâtre, il y a un peu plus de deux mille
ans : c'était à l'époque marquée dans les Écritures
pour la ruine de l'empire des Perses. L'heure fixée
par les décrets éternels venait de sonner. Alexandre
qui portait en lui le secret et le pressentiment de la
victoire s'était élancé, comme un coursier fougueux,
las de ronger le frein qui le retenait. Il dévorait l'espace. Il franchissait tous les obstacles. L'univers le
contemplait avec l'étonnement de la stupeur. La terre
se taisait devant lui, ainsi que le prophète l'avait
annoncé. Mais ce vainqueur déjà couvert de gloire se
vit subitement arrêté dans sa course par une impru-
dence de jeune homme. Il fut tout à coup saisi d'un
frisson violent. On crut qu'il allait mourir.

Il recouvra néanmoins la santé; mais ce fut grâce
à un acte de confiance sans bornes de sa part.

Or il en est ainsi pour le Français, héros du Catholicisme.

Il s'était précipité, dans un jour d'effervescence, au
milieu de ce rationalisme que ne réchauffent point les
rayons vivifiants du Soleil des intelligences. Une fièvre
délirante s'empara aussitôt de ce peuple ardent, géné-
reux, et le jeta dans des convulsions qui le condui-
sirent aux portes du tombeau.

Toutes les combinaisons possibles des divers pro-
duits de 89 furent mises en doses et administrées selon
les prescriptions de la science.

Soins empressés, formules exactes, étiquettes do-
rées; rien ne fut omis pour assurer le succès d'une
cure vraiment digne des immortels principes si
bruyamment annoncés comme devant produire, sur

l'humanité, l'effet des eaux magiques puisées à la fontaine de Jouvence. Cependant l'annihilation du malade ne laissa bientôt plus entrevoir que la mort devenue imminente.

Alors, l'Église en deuil brave tout pour porter un remède salutaire à son enfant chéri. qu'elle voit périr sous les yeux d'une foule d'empiriques et de docteurs impuissants.

Les menaces, le sarcasme, pas plus que les truellées de boue qu'on lui jette à la face ne peuvent l'arrêter.

Elle arrive avant que le moribond ait exhalé son dernier soupir.

Elle s'approche et sa présence réchauffe le cœur de son fils qui va être redevable une seconde fois de la vie à l'amour maternel. Il prend lui aussi la coupe qui contient la vie; pendant qu'il tire de dessous son oreiller et confie à sa Mère, le lourd dossier qui empêche le sommeil, et que la confiance seule a le mystérieux pouvoir de posséder.

Des indices non équivoques du retour à la santé commencent à se manifester; mais cela ne suffit pas; car Alexandre guéri trouva la mort au sein de la débauche. C'est pourquoi il est absolument nécessaire que l'action régénératrice du culte le plus parfait que l'homme puisse rendre au Créateur, s'identifie à la vie politique de ce peuple qui a été si manifestement prédestiné pour occuper la première place parmi les nations. Ce peuple dont la passion de la gloire est le mobile le plus puissant : et ce troupeau d'hommes abrutis, qui ne se meuvent que pour satisfaire leurs appétits brutaux, sont les deux points opposés (Zénith et Nadir), entre lesquels toutes les nations s'agitent, s'estimant d'autant plus dignes des hommages de l'humanité qu'elles s'approchent de plus près de la nation chevaleresque.

Au temps des Croisades, où la civilisation chrétienne et la barbarie musulmane se rencontrèrent sur le plus vaste champ de bataille qui fût jamais, l'infidèle semblait ne connaître sur la terre que lui et les *Francs*. Rien de plus naturel !... puisque l'humanité se trouvait partagée en deux camps, et que les Francs occupaient la place d'honneur dans l'armée qui portait la croix pour signe de ralliement. Il en est encore ainsi aujourd'hui (¹). Oui, le nom français a conservé le glorieux privilége de personnifier le Catholicisme, eh! ce n'est pas en vain que l'univers est dans l'attente du grand événement qui va faire époque dans les annales du monde moderne; car la résurrection mystérieuse d'un peuple couvert de meurtrissures, et qui semblait être condamné à périr étouffé sous la botte du Teuton, permet à l'observateur attentif de prévoir qui restera vainqueur dans ce duel à mort qui rappelle les péripéties émouvantes du combat des *Trente*, au chevaleresque pays de Bretagne. La Prusse s'avouera vaincue ou sera broyée par la force même des choses; attendu que la cause hérétique qu'elle représente a déjà épuisé ce qu'elle pouvait dépenser de vitalité. Le protestantisme tombe par lambeaux comme ces plaques d'écorce qui se détachent toutes seules du majestueux platane planté au bord d'une eau limpide. La Prusse ressemble à une vache toujours affamée qui ruine les riches provinces d'Al-

---

(1) La plus grande faute de notre diplomatie imprévoyante et peureuse, c'est de nous faire perdre le bénéfice d'une attitude franchement catholique qui enlèverait à nos ennemis une partie de leurs forces.

Est-ce que le gouvernement a besoin de l'approbation de ces boulevardiers qui ne sont bons qu'à caresser leurs *zizis*, à peupler la France de bâtards, et qui, à l'heure du danger, tremblent comme des femmes, appelant à leur secours la province qu'ils ont criblée de quolibets pendant la paix. Les lâches !... Pas un seul parmi eux ne s'est présenté pour sauver les otages, pendant que le paysan, conscrit de la veille, se faisait tuer résolûment pour arracher à la mort, même des polissons pour lesquels il n'est qu'un objet de moquerie !

lemagne sans profit pour personne. Les chefs des principautés englobées par surprise s'aperçoivent déjà avec douleur, que les milliards enlevés à la France n'ont servi qu'à rendre plus intolérable cet abrutissant servage militaire qui ne laisse de liberté que pour la prostitution. Naître, vivre et crever comme des chiens !... Voilà en quoi consiste aujourd'hui la tolérance du protestantisme de Berlin. Aussi, qui sait si de Moltke écoutant le refrain de la catholique Bavière :

> Plutôt en Bavarois mourir
> Qu'en crasseux de Prussiens pourrir.

ne dit pas à son maître : « Colossal Arminius, cessez d'être tyran ; car vous êtes devenu bien pesant, et à votre âge on ne se relève plus quand on est tombé. Vous savez que toutes les colères de la France se concentrent sur la Prusse, et que l'Allemagne a tout à gagner dans l'amitié d'une nation noble et généreuse, contre laquelle vous n'avez plus ces chances de succès que le destin lui-même semblait vous avoir préparées, ainsi que vous l'écriviez à Augusta, stupéfaite de cette interminable série de victoires dont le Ciel se servait pour ramener les Français à leur rôle providentiel (1).

Les illusions de l'Allemagne se sont évanouies. Il ne vous reste plus qu'un peuple d'esclaves, qui n'a plus rien à espérer que du triomphe de la France.

---

(1) Les ravages du phylloxera et des inondations complétant, dans le Midi, l'œuvre d'expiation commencée par la guerre, sont comme un nouveau soufflet donné à la science blasphématoire de l'Institut, qui se voit réduite à constater que son impuissance égale ici son ignorance, aussi bien qu'en présence des phénomènes surnaturels que les *hommes de l'art* n'ont pu que constater, chez cette célèbre stigmatisée qui a tant fait jaser les *savants* de la libre pensée.

Il est bien digne de remarque aussi que c'est le *Magenta* qui a été choisi, dans la Méditerranée, pour célébrer par une sinistre explosion l'anniversaire de la rentrée de l'*Orénoque*.

Or, n'oubliez pas que six cent mille soldats ou mobiles, comme ceux qui enlevèrent le plateau d'Auvours sous une grêle de mitraille, suffiraient pour précipiter toutes nos armées dans le Rhin ; car je crains bien que nos glacis d'Alsace-Lorraine ne nous rendent un fort mauvais service. Tenez, c'est un pressentiment que je vous conseille de consigner sur vos tablettes !

Je sais bien que nous pouvons compter encore sur l'alliance d'un grand nombre de républicains français ; mais il ne faut pas oublier que les révélations du procès d'Arnim et autres, nous ont singulièrement nui à ce sujet ; car le public sensé ne peut plus se méprendre sur la complicité anti-patriotique de ces gens qui ne nous sont utiles qu'autant qu'ils peuvent nous servir en secret, et tout en criant à tue-tête contre les cléricaux. Leur lâcheté et leur insatiable cupidité contrastent trop visiblement avec l'héroïsme et l'abnégation des Catholiques français, pour qu'on puisse essayer de donner encore le change à l'opinion publique sans s'exposer à faire rire de soi.

On a bien pu faire accroire aux badauds que l'ultramontanisme avait amoindri le génie français ; mais cette duperie n'est plus possible maintenant, en présence de l'influence du catholicisme dans l'œuvre si difficile du relèvement moral de la France.

Nous avons fait battre la grosse caisse et sonner toutes les trompettes pour accuser les cléricaux de pousser à la guerre. Or, tout cela fait fiasco, parce que les accusateurs que nous tenons à gages, en France, appartiennent à la catégorie des *outranciers* et qu'il est très-facile d'établir d'une manière péremptoire, que l'inconduite des gredins de libres-penseurs enlève à la patrie bien plus de soldats qu'il n'en faudrait pour nous exterminer en batailles rangées. Au reste, Bismark lui-même n'a pas caché à Jules Favre que jamais les Français ne pourront se résigner à oublier Sedan, pas plus que Sadowa. Le formidable conflit pressenti de toutes parts ne saurait plus être ajourné que par la reddition de l'Alsace-Lorraine qu'on nous enlèvera par la guerre ; ce qui sera l'affaire du héros, ou par voie diplomatique, œuvre d'un ministre rival et vainqueur de notre Bismark qui n'est déja plus qu'un soleil couchant, et auquel ses bévues monumentales présagent une fin peut-être encore plus bizarre que celle de M. Thiers devenu la fable de l'Europe, et le jouet des diplomates étrangers qui affectent de prendre la « pauvre maison » pour une succursale de cette vieille commère qu'on appelle « l'*Agence Havas.* »

Cette appréciation paraîtra peut-être un peu hasardée. Elle n'a pourtant rien que de très-conforme à la réalité des choses. En effet, depuis sa victoire sur la France, Bismark a joué officiellement le rôle de faussaire et de niais, en insultant le Pape et les Catholiques, à la manière d'un rédacteur du *Siècle* et autres Prussiens de Paris qui ont vendu leur patriotisme à Guillaume le franc-maçon (1). Il a tenu un langage et une conduite tels que rien de pareil ne s'était encore jamais vu. Il semble être comme fatalement poussé à détruire son œuvre. On dirait qu'il n'a plus conscience de ce qu'il fait, ou qu'il a hâte d'en finir avec les futilités fastueuses d'une jouissance d'emprunt qui ne lui laisse en propre que des dégoûts et la douleur aiguë causée par la goutte.

« Périsse l'empire ! semble-t-il s'écrier, pourvu que l'agitation du monde empêche mon *maître* et l'opinion publique de me condamner au repos. Qu'ai-je besoin d'un Empereur que j'ai fait ? Que m'importe la haine ou l'affection d'un populaire qui ne sait que trembler devant moi ? Une ovation de second, une statue de

---

(1) GUILLAUME DE PRUSSE est *franc-maçon* et *grand-maître* du rite écossais ; c'est-à-dire le chef hiérarchique de son affilié le duc Decazes, et successeur du père de notre Kadosch ministériel. Etonnez-vous après cela de certaines complaisances énigmatiques

★

nistre : un bronze plus ou moins bien fondu, repré-
ntant un subalterne, qui me fera ressembler à un
gmée devant le Guillaume *Arminius,* qui, sans
ɔi, ne serait encore qu'un roitelet de bas étage !... Voilà
and'chose pour un Bismark !... Mieux vaudrait être
pucin ! Car il ne me reste plus rien de bon à espérer.
 royaume des taupes pour fin dernière ou aller chez
diable, si les Catholiques ont raison ; c'est quelque
ose de bien hêtant, n'est-ce pas donc ?... »

Bismark n'est pas le seul qui ait si profondément
nti le vide insipide de cette comédie de la vie héré-
[ue de l'homme d'Etat. Car le protestantisme, forte-
ent pressé, ne laisse dans l'âme que l'horreur du
veau ou les terreurs de l'avenir.

Je vous trouve bien savant sur la *mythologie chré-
ɛnne,* disait Bismark, au commencement de cette
née, en s'adressant à un farceur de comédien qu'il
ait invité à faire bonne chère. Il disait cela par
rme de gouaillerie, en parlant du catholicisme ; mais
 hulan qui a ouï, sans prendre part au fricot, s'est
t à son tour : Hum ! qu'est-ce que cela me pré-
ge ?... Et les pauvres pioupious qui remplissent
tte immense caserne qu'on appelle l'*Empire d'Alle-
agne,* y ont pensé eux-mêmes pour leur propre
mpte. Ils ont compris que la vie d'autrui n'a rien de
us précieux que la leur. Ils se sont vus grelottant,
rme au bras, à la porte de ceux-là seuls qui pro-
ent de la victoire ; car, en Prusse, la plupart des
toyens ne connaissent de la patrie que ses rigueurs
 marâtre. Et, n'ayant d'autres chances à courir au
rvice que de recevoir un coup de baïonnette dans le
ntre, ou de se faire fendre la tête d'un coup de sabre,
ur la gloire du chancelier goutteux qui affecte de
 voir dans le soldat que de la chair à canon, il leur
semblé que tout cela est en soi quelque chose d'assez
te quand on a pas le Ciel en perspective. Ils ont
ité cette question et bien d'autres encore pendant
s longues heures de faction, dans le silence de la

nuit où l'homme a coutume de juger de toutes choses d'après leur valeur intrinsèque; puis, chacun s'est mis à maudire cette Prusse où le Catholique n'a plus permission d'aller à la messe, et où le patriotisme perd son action sur l'homme que dévore le doute. Aussi à propos de la révision du *Code pénal* dont Bismark veut faire compléter l'armement, le ministre de la justice a été contraint d'avouer en plein parlement que la Prusse tourne à l'abrutissement.

Comme messieurs les boulevardiers, qui cependant au fond ne pensent pas différemment, pourraient affecter de ricaner à ce sujet, je vais mettre ici sous les yeux des lecteurs un détail assez intéressant pour ces gens qui s'imaginent que le soldat, au printemps de la vie et en attendant les tueries de la guerre, ne doit rien connaître de mieux à faire que de refouler en lui-même ses affections personnelles, tout en se condamnant à remplir les fonctions de geôlier au pays du mariage civil, et des naissances sans baptême à l'église.

Le bureau de statistique Engel, de Berlin, dit qu'il résulte du « rapport officiel du ministre de la guerre que cette année-ci (de janvier à septembre 1875), 82,418 soldats prussiens se sont rendus coupables de désertion. »

Ce symptôme non équivoque de dislocation devrait dessiller les yeux à Guillaume, le tyran ; mais il paraît que cette Majesté a dit dans son brutal orgueil : « J'irai jusqu'au bout, quand bien même ma couronne devrait être l'enjeu de la guerre d'anéantissement que Bismark a déclarée au Catholicisme. »

Plusieurs, même parmi les sages, ne considéreront ces paroles blasphématoires que comme une simple forfanterie de vieillard ; mais si l'on interroge l'histoire de ces sortes d'aveuglements, elles apparaîtront comme le testament d'une puissance qui va disparaître.

Mais, ô vous tous, (tas d'incapacités), vous qui êtes chargés de veiller au salut de la patrie, allez-vous-en donc, vous aussi, blaguer de la politique dans les banquets si vous ne voyez pas encore ce que nous avons à faire pour mettre la France à même de profiter des événements qui se préparent ! Songez donc que votre inepte imprévoyance a manqué de nous laisser surprendre, cette année même, comme un Failly campé à Beaumont au milieu de ses carrioles, sans paraître se douter du péril imminent où se trouvaient ses hommes (¹). Quand donc comprendrez-vous que la France n'a rien de bon à espérer que du champ de bataille?

Une grande victoire, comme celle qu'il ne tient qu'à nous de remporter, nous rendra les arbitres des destinées de l'Europe et du monde ; tandis que nous serions perdus si les Prussiens pouvaient encore nous refouler dans Paris ; car l'expérience faite au printemps dernier prouve que l'emploi des ballons incendiaires rend inutile la défense d'une ville assiégée.

Le ballon qui a servi pour cette expérience était en papier. Il avait environ trois mètres de hauteur et

---

(1) Il est certain qu'à la fin de l'hiver, nous aurions pu être surpris et horriblement mutilés si l'ours n'avait pas reçu à temps un vigoureux coup de trique sur le museau. Le secours inattendu qui nous a sauvés de ce danger, que nos hommes d'État avaient à peine soupçonné, contraste singulièrement avec ce qui s'est passé lors de la dernière guerre où le *Hasard* semblait avoir fait tout se coaliser contre nous, même le télégraphe, afin que la punition fut complète. Cependant il n'est pas prudent de plaisanter avec un pareil état de choses, où nous jouerions le rôle d'un collégien qui, se reposant sur autrui du soin de faire son devoir, finirait par attraper de vertes réprimandes, du pain sec et enfin une exclusion définitive.

Il est manifeste que le Français a le privilége incomparable d'être l'enfant chéri de la Reine du Ciel, et que cette bonne Mère veille sur nous avec la plus tendre sollicitude ; mais l'on ne doit pas oublier que nous avons une mission à remplir.

Tous les peuples ne sont devant Dieu que comme de simples écoliers auxquels il faudra toujours des récompenses et des pensums : c'est la réponse qu'on peut faire à ces ricaneurs sceptiques qui prétendent que notre confiance en la Providence peut avoir pour effet de nous faire considérer la vie comme une sinécure.

deux de diamètre. Il a franchi un espace plus considérable que celui qui se trouve protégé par le canon des nouveaux forts de la Souricière parisienne ; puis il est venu tomber dans un champ, et a pris feu en touchant le sol. Les matières inflammables qu'il portait et dont je conserve un spécimen ont été suffisantes pour former instantanément une colonne de flamme comparable aux feux de joie de la fête Saint-Jean.

Ce n'est là qu'une grossière ébauche de ces milliers d'aérostats en papier qu'un gouvernement peut se procurer, avec une dépense relativement peu considérable, conformément aux indications que j'ai données dans mon second mémoire.

Toutefois la réussite de cet essai suffit pour vous faire comprendre, Messieurs nos hommes à savantes formules, que vous allez avoir désormais à compter avec un engin d'une importance au moins égale à celle de la torpille. Quelle idée bizarre ! direz-vous peut-être, avec cette nonchalance dédaigneuse qui semble devoir être l'apanage d'une compétence officielle. Et pourtant il n'y a dans cette invention rien qui puisse paraître plus absurde que d'aller plonger de la poudre dans l'eau pour faire sombrer des navires solidement construits et blindés selon les règles de l'art. Vous aurez beau regimber contre ce manque de respect pour la science de l'Ecole, vous n'en serez pas moins finalement obligés de vous incliner piteusement devant l'évidence de la réalité. Votre trépignement involontaire, accompagné d'un mouvement convulsif de l'auriculaire, n'a rien de bien agréable pour une infatuation officielle toute chamarrée de galons. N'importe !... C'est le tout petit désagrément d'une situation dont les événements de 1870-1871 ne vous permettent plus de savourer les douceurs. Il faudra bien en passer par là. Il en sera pour vous absolument comme pour ces personnalités de l'Institut de France, qui bénéficiaient si insolemment du respect et de l'immunité accordés à la science, dont ils portent les livrées.

Là où l'enseigne dorée faisait se découvrir comme devant le sanctuaire vénéré de la science, nous n'avons trouvé qu'un abject matérialisme et aussi un magasin de formules dont vous avez fait un usage si stupide, que tout cet ensemble de choses s'est traduit par l'annihilation complète de la plus illustre des nations. Dès lors, vous comprenez bien, Messieurs, qu'il n'y a nulle impertinence à mettre la lumière sous le nez des docteurs dévoyés, pour les faire arriver à un résultat différent, en les forçant de voir clair.

L'homme n'est qu'une bête, nous a dit l'ignorant universitaire affublé du titre de *savant* et pensionné par l'Etat; mais le catholique qui sait le catéchisme a répliqué : Pardon, Monsieur, ce n'est que votre ignorance qui est bête. Puis il a demandé et obtenu la permission de faire cette démonstration à l'Ecole supérieure.

Vous autres vous avez dit : Fortifions la souricière, afin de pouvoir nous y réfugier quand l'ennemi paraitra à la frontière. Et moi je vous dis : Vous faites là une des plus grandes fautes qu'il vous soit possible de commettre ; car toutes les ressources du budget du ministère de la guerre devraient être dirigées du côté du champ de bataille. Plus tard, vous pourrez vous occuper de faire des camps fortifiés ; mais qu'il ne soit plus jamais question de transformer nos villes en souricières. Or, comme ce langage peut vous paraître très-déplacé, je vous prie de vouloir bien vous rappeler la curieuse histoire qu'on raconte au sujet de l'invention du jeu d'échec. Il n'y a point ici de coq-à-l'âne, puisque l'échiquier est une miniature du champ de bataille. Vous savez que l'inventeur n'était ni courtisan, ni docteur pensionné, ni homme de guerre. Ce n'était que le très-humble serviteur de tous ces gens-là. Seulement il avait eu une idée qui ne lui parut pas bête. Il lui sembla qu'elle pouvait être facilement transportée dans le domaine des faits. Il essaya et elle devint une réalité fort intéressante.

Tout alla bien jusque-là ; mais il n'en fut pas de même lorsque l'inventeur s'avisa de faire connaître le parti qu'il prétendait pouvoir en tirer. « Cet homme est fou », dit le chef de l'Etat. Et, de leur côté, les « courtisans chuchotaient étonnés des singulières prétentions » de cet homme de rien. Mais celui-ci qui savait que ces sortes de dédains ne sont que les indices habituels d'une superbe incapacité, en fît le cas qu'il convenait d'en faire. Il se contenta de dire et de répéter : Essayez, essayez. Il insista tant que son désir fut enfin pris en considération.

Le résultat fut tel qu'il l'avait prévu !

Le chef de l'Etat « se mordit la moustache de dépit », et les railleurs hébétés se mirent à ronger le bout de leurs ongles.

Eh bien, Messieurs nos hommes à savantes formules, je vous dis, moi aussi : essayez ! puis, vous direz lequel de nous a tort ou raison. Or, comme les mathématiques ne vous sont pas étrangères, je crois que la démonstration pourrait, sans préjudice, subir un travail de réduction qui la rendrait moins dispendieuse, sans rien lui ôter de son intérêt, attendu qu'un simple calcul de proportion suffirait pour lui donner toute la valeur technique de ces grandes expériences que messieurs les Prussiens ont faites à si grands frais en Alsace-Lorraine, et que vous n'auriez pas tant admirées si vous aviez su remarquer que ce mode d'expérimentation est tout-à-fait primitif (1).

Voici donc ce que je vous propose :

Puisque, comme je vous l'ai démontré ailleurs, toute la défense d'une ville fortifiée ne repose en réalité que dans les quelques forts placés dans une même direc-

---

(1) C'est comme les grosses lettres du syllabaire pour l'enfant; ou bien encore, comme un édifice en double exemplaire, de mêmes dimensions, dont un architecte prendrait l'un pour modèle de l'autre.

tion, construisez, sur une très-petite échelle, autant de forts que l'ennemi doit en rencontrer sur son passage avant de pouvoir pénétrer dans la place assiégée. Que les canons subissent la même réduction ; puis, faites avancer contre ces miniatures seulement des canons ayant chacun deux affûts, et portant tout juste moitié plus loin que ceux de la défense. Après cela, faites foudroyer de part et d'autre pour savoir quel résultat vous devez attendre de la résistance des parois de la *souricière*. Ne me dites plus que l'emploi de ces « canons à deux affûts n'est pas pratique. » Essayez ! et vous comprendrez, Messieurs les *Compétents*, que vous avez fait preuve d'une étourderie phénoménale ; car enfin, est-ce qu'il est question ici de planter un tourniquet, ou de faire manœuvrer une pièce de campagne sur un champ de bataille? Est-ce qu'il ne s'agit pas uniquement de dresser des batteries fixes, en présence d'un point également fixe? Et, si un seul affût suffit pour le plus énorme canon des nouvelles fortifications de Metz, ne voyez-vous pas que, même avec un canon d'une seule pièce, mais reposant sur deux affûts, vous obtiendrez facilement une puissance double de celle des plus forts canons employés jusqu'ici. Or, il est évident qu'un canon reposant sur quatre roues ne sera pas plus difficile à transporter qu'un autre moitié moins lourd, sur deux roues ; puisque l'on peut confectionner des affûts spéciaux dont les roues ayant la forme de celles d'un wagon, pourront permettre de faire voyager ces monstrueuses batteries avec autant de facilité que s'il s'agissait simplement d'un convoi de marchandises. Voyez donc avec quelle facilité nos employés du chemin de fer font manœuvrer dans les gares les plus lourds wagons !

Mais, direz-vous peut-être, est-ce qu'une partie de l'inconvénient relatif aux villes n'existeraient pas pour les camps retranchés? — Si, assurément ; c'est pourquoi je ne vous ai jamais parlé que des camps fortifiés, qui en diffèrent essentiellement, et qui seront tels qu'aucune armée ne pourra essayer de les forcer sans s'exposer à un désastre. Le patriotisme ne me permet pas aujourd'hui de m'expliquer à ce sujet ; mais je vous dirai tout cela, dès que vous aurez terminé les préparatifs du champ de bataille, car c'est là ce qu'il y a de plus pressé.

Soyez sûrs, Messieurs, que si vous nous aviez mieux protégés contre l'ennemi, je n'aurais jamais voulu me permettre de traiter ces sortes de questions ; mais puisque vous avez si mal répondu à notre attente, ayez au moins assez de patriotisme pour vous laisser dire la vérité. Rengaînez vos dédains si vous voulez qu'on pardonne à votre incapacité ; car nous subissons tous les conséquences de votre ineptie qui nous expose encore aux plus grands dangers. Je sais bien que cette résignation doit coûter beaucoup à l'amour-propre quand on est habitué à exiger impérieusement le respect dû au grade, et cette obéissance passive sans laquelle l'autorité militaire serait le plus souvent illusoire ; mais enfin il est encore moins humiliant de laisser un Français quelconque s'exprimer librement que de recevoir la leçon de l'étranger avec accompagnement de coups de crosse de fusil. D'ailleurs vous savez bien, Messieurs, que mes premières relations avec vous étaient aussi respectueuses que possible, et que ce sont vos doutes affectés et vos procédés rebutants qui m'ont forcé à changer de langage et à vous traiter publiquement comme vous le méritez (¹). Vous vous êtes fâchés, mais ça ne fait rien ; vous serez vous-mêmes convaincus plus tard que j'ai eu raison de forcer ainsi la consigne, comme pour entrer dans une maison où l'action du carbone réduit les habitants à l'impuissance d'ouvrir la porte. Et, puisque cet ouvrage doit être livré à la publicité, je vais rap-

---

(1) Si j'en agissais autrement, ceux-là mêmes qui se plaignent le plus haut me reprocheraient un jour mon manque de courage dans une question où il s'agit du triomphe de la patrie.

peler ici une anecdote que tout le monde ne connaît pas et que vous avez peut-être oubliée.

Il y avait, au siècle dernier, un savant, nommé Buffon. C'était un grand seigneur de fort bonne mine, comme quelques-uns d'entre vous. Il avait de vastes connaissances qui lui ont valu le titre de « secrétaire de la nature ». Sa science était en renom dans toutes les parties du monde civilisé. On la tenait même en si grande considération que tous les envois au célèbre naturaliste français eurent le privilége d'être respectés de nos ennemis pendant les guerres de ce temps-là ; ce qui permit au roi de recevoir des avis secrets et importants qui n'auraient pu lui parvenir sous n'importe quelle autre adresse.

Cette science pleine d'agréments laissait toujours entrevoir quelques charmes encore inconnus. Elle n'apparaissait qu'au milieu des enchantements de la poésie et brillait d'un éclat incomparable ; aussi, notre illustre gentilhomme se faisait-il un point d'honneur de ne l'aborder jamais qu'en costume de cérémonie et l'épée au côté, tel qu'il voulait que la renommée le présenta, à la postérité, en faisant le récit de ses nobles travaux.

Toutes les nations nous enviaient la gloire de cette illustration, et pourtant ce grand homme avait une faiblesse qui n'est guère excusable que chez les tout petits enfants. Il offrait chaque matin le curieux spectacle d'un berger qui ne peut s'arracher au lit pour aller au champ. Or, il arriva par hasard, qu'un certain Joseph se trouva chargé de secouer cette haute seigneurie endormie. Le pauvre garçon y mit toute la bonne volonté possible ; mais, malgré tous ses efforts, il ne parvenait ordinairement qu'avec peine à triompher de la résistance de Monsieur.

Les choses allaient ainsi depuis quelque temps, lorsqu'une fois, ne sachant plus que faire, Joseph s'avisa de mettre de l'eau fraîche dans un vase et de la jeter à la face du dormeur récalcitrant.

La chronique nous dit que ce procédé eut un plein succès; mais elle nous fait grâce des détails que du reste on devine assez.

Une manière d'agir aussi impertinente aurait pu avoir de très-fâcheuses conséquences si le haut personnage en question avait été tel ou tel de nos modernes libéraux ; mais M. le comte de Buffon était plein de magnanimité, et n'avait besoin que d'être bien éveillé pour entendre raison ; aussi, dès que le quart d'heure d'émotion fut passé, il appela son brave serviteur et, loin de le gronder, il lui dit très-gracieusement merci, comprenant que ce n'est pas rendre un petit service que de forcer à travailler pour la France.

Cet appauvrissement de la volonté par une somnolence qui peut si facilement envahir même une brillante existence, est l'image de l'état qui n'est malheureusement que trop naturel à nos hommes à savantes formules, ainsi qu'à cette nombreuse catégorie de désœuvrés que nous voyons accroupis sur une litière de journaux.

Le goût des fadaises suintantes de matérialisme produit un si fâcheux effet dans ce qui forme aujourd'hui le caractère boulevardier, qu'une partie considérable du plus énergique des peuples semble n'être qu'un attroupement de *pouponneaux* qui ne veulent plus entendre que le zézayement de « Bobonne, capitaine de cavalerie. »

Hélas! que faut-il donc de plus pour faire comprendre la nécessité d'un pouvoir capable d'assainir la presse et de réduire le journalisme à son véritable rôle, ainsi que la tribune?

Le journalisme et la tribune constituent aujourd'hui une sorte *d'autocratie* mille fois plus tyrannique que la féodalité du Moyen-Age.

On est tout stupéfait en voyant comment certains souverains se sont laissés traiter par leurs vassaux, car c'est le monde renversé. Mais, que voit-on en ce moment ?... Des chefs de gouvernements auxquels l'opinion fait jouer le rôle de girouettes ! Ils sont chargés de diriger l'opinion publique et de donner le ton au monde civilisé. Eh ! on les voit passer une grande partie de la journée à consulter *le mouvement des journaux*, afin de savoir si cette seigneurie moderne permet de tourner à droite plutôt qu'à gauche ; ou si elle réclame un mouvement de conversion vers les centres qui sont la région des calmes plats rendus célèbres par l'*Histoire de la Courte Paille*.

Or, comme la tribune, autre seigneurie non moins bizarre, forme avec sa consorte deux redoutables écueils, escortés de maints récifs, au milieu de l'archipel orageux des folies humaines, il s'ensuit que le pauvre navire *Etat*, accompagné du requin radical, est emporté par mille courants divers, qui ne cessent de le faire pirouetter, jusqu'à ce qu'un *crac* sous-marin vienne transformer en épaves tout le bagage de ces inamovibilités constitutionnelles, auxquelles leurs cocardes multicolores donnent l'aspect d'une troupe de perruches babillardes.

Quelle pitié de voir nos généraux attendre l'inspiration des interminables bavardages de la tribune et chercher des plans de campagne dans les colonnes d'un journal !

Néanmoins nos finassiers politiques les plus habiles prétendent qu'il est indispensable d'augmenter la cohue parlementaire, en créant une nouvelle Chambre qui permettra aux ennuyés du boulevard de se procurer le plaisir de voir les deux grands Corps de l'Etat se narguer mutuellement en forme de polichinelles (¹), à la manière de ce malotru de député

---

(1) Cette expression est nécessaire pour caractériser les provocations comiques qui ont eu lieu à l'Assemblée nationale.

Toute Assemblée qui veut être respectée doit commencer par se respecter elle-même.

Or, écoutez : « Parlez ! parlez ! »... « Non ! non ! »... « Très-bien ! »...

Messieurs les aspirants sénateurs, vous vous conduisez comme une

qui disait en pleine Assemblée nationale et en langage universitaire de la rue de l'*Ecole : Ze vous dis, moi, que ze ne suis qu'une bête* (traduction libre), *et ze vous défie, vous, personnaze inamovible, de prouver le contraire ; mais ça n'empêche pas, moi, d'être un* honorable *élu de S. M. le Suffraze universel !*

L'illustre prélat auquel s'adressait cette bravade de matérialiste ne pouvant pas faire de la tribune parlementaire une chaire de philosophie ou de théologie, se contenta de répondre à son interlocuteur : « Eh bien, mon cher collègue, je croyais que vous aviez une âme. »

L'évêque dut singulièrement souffrir de voir cette brute dans le Conseil de la grande nation catholique ; mais, hélas ! c'est encore bien plus révoltant d'y voir l'exécrable scélérat que l'échafaud attend à Conlie.

Un empereur romain qui n'avait point reçu le baptême s'avisa, paraît-il, d'élever à la dignité sénatoriale son coursier favori, autre qu'un « cheval de renfort. » Ce mépris de la dignité humaine et séna-

---

bande d'écoliers indisciplinés ! « Je vous rappelle à l'observation du règlement. » (Vives réclamations.)

« Le règlement n'a pas pu prévoir les questions d'honneur ! »

Et les chiquenaudes !... Aïe ! Aïe ! Aïe !! « Vous ne m'effrayerez pas ; soyez tranquilles ! »

Hein ! hein, hein... Des places !...

Silence ! Messieurs, silence !...

Ouf ! ouf !... L'honneur étouffe ici ; comme la morale et la dignité de l'homme dans les facultés où le matérialisme le plus abject est professé par les Rougets universitaires qui déclarent renoncer à leur part de Paradis à la condition de pouvoir vivre dans cette République qui fait jusqu'à dix-neuf sénateurs par jour, sans compter le travail de nuit. (Bruyantes exclamations.) Applaudissements à gauche : Bravo ! Bravo !! Bravo !!!

Voilà le bouquet du parlementarisme.

Préparez les *urnes*, Messieurs les conservateurs, car le bûcher s'allume.

toriale est à peine croyable ; mais, attendez un peu !... Le suffrage universel est un gredin qui, si on le laisse faire, va se passer bien d'autres fantaisies. Il est capable de remplir nos Chambres de tant de Naquets (¹) et autres bêtes diverses, que le chef du gouvernement se verra peut-être obligé de donner, à chacun des présidents de nos Assemblées, un fouet de la longueur de ceux dont se servaient les conducteurs des grandes diligences d'autrefois (²); car la discipline ayant été bannie de l'Université, il ne serait pas impossible qu'on fût obligé de fouailler ces grandes réunions gouvernementales, pour corriger leur vice d'éducation, en faisant faire ainsi un cours de philosophie morale; ce qui est devenu tout-à-fait indispensable pour plusieurs de ces honorables gamins qui siégent à Versailles, au grand préjudice de la décence publique, comme dirait un article du nouveau projet de loi sur la presse, et qui, dans une séance du mois de juillet dernier, s'avisèrent de multiplier les votes à tour de rôle, si bien que « les urnes réunirent onze cents bulletins ; » c'est-à-dire le double à peu près du nombre des *législateurs* présents.

Ce dernier fait et bien d'autres de cette nature donnent pleinement raison à M. Rouher lorsqu'il dit : « Tous les sentiments qui m'animent, tout ce que j'ai d'études et de réflexions me crie que jamais la nation n'acceptera la République comme gouvernement définitif..... Plus la République sera la République, plus inexorable sera le jugement, » lorsque la patrie aura été suffisamment instruite « par l'expérience des crimes et des imbécilités de la République-mère. » Et M. Thiers lui-même ne fait que confirmer

(1) Les doctrines publiées de ces sortes d'animaux-là conviennent aux haras; c'est ce qui explique la nécessité du fouet.

(2) On sera peut-être même obligé d'avoir recours aux piqueurs armés du fouet professionnel, pour faire évacuer les tribunes envahies par des troupeaux de prostituées accourues pour assurer à leurs « Cocos » (comme au théâtre) un « succès de fou rire. »

ce jugement, dans sa gasconnade d'Arcachon ; car, bien que l'art de mentir soit sa spécialité, il lui est échappé de faire comprendre que nous pouvons attendre de la monarchie traditionnelle toutes les réformes utiles au pays. « Regardez sur tous les trônes de l'Europe, s'écrie-t-il, et vous verrez qu'il n'y a pas un prince qui ne soit occupé à réformer ses États sous les rapports sociaux, administratifs et politiques ! Tous se consacrent à cette œuvre méritoire. » Il aurait pu ajouter avec l'un de nos hommes politiques qui se distinguent le plus par le patriotisme et la noblesse des sentiments, et qui s'exprime ainsi : « Le roi n'abdique pas. Il demeure l'espoir de l'avenir. » Car le drapeau d'Henri signifie : « L'honneur français à déployer, et notre rang à recouvrer dans le monde, la confiance et la prospérité publique, l'ascendant civilisateur et la mission chrétienne de la France, et les longs espoirs, et les longs avenirs, tout ce qui fait le prestige et la force des peuples couronnés. » Tandis que la politique d'expédients de la République réduit le Kadosch de nos affaires étrangères à faire jouer à notre pays le rôle piteux d'une chétive principauté qui ne saurait risquer un *Je veux,* sans s'exposer à recevoir un coup de botte.

Ah! *Kadosch,* voilà donc où aboutissent toutes tes finesses de loge!... Allons donc! dépêche-toi de ramasser dans ta poche les insignes de ta noblesse ducale, pour aller rejoindre tes compagnons maçons, afin de pouvoir utiliser ton outil professionnel qui ne protége point nos nationaux qu'on égorge comme à ta barbe.

La capitulation du franc-maçon Decazes devant Civita-Vecchia devait avoir pour conséquence logique, cette série d'humiliations désastreuses qui viennent de faire prononcer à l'étranger le mot : « nouveau Sedan. » C'est pourquoi le Chef du gouvernement se trouve en ce moment sur la pente d'un crime politique qui approche de la trahison ou d'une sorte de stupidité ; car l'incident, généralement mal prévu, du canal de Suez lui fournit l'occasion de mettre Bismark lui-même dans l'état où se trouvait M. Rouher après Sadowa. Oui, il ne tient qu'à nous de briser le grand ressort de la diplomatie prussienne et de faire reprendre à la France la première place dans le monde.

5773 — Nantes, imp. CHARPENTIER, A. Boucherie et C°, succ.

OUVRAGES DU MÊME AUTEUR :

Les Réflexions d'un jeune Catholique, ouvrage honoré d'un Bref du Saint-Père.

Le Baron d'Astriez.

Traité de Style Épistolaire.

Les Fortifications de Paris et les Armes nouvelles.

Les Ballons incendiaires et la Révolution.

Les Flottes et les nouveaux Engins de guerre.

Le Parlementarisme et la Stratégie nouvelle.

Le Suffrage universel et le Drapeau.

POUR PARAITRE PROCHAINEMENT :

Les Préoccupations de l'Intelligence.

Nantes, Imprimerie CHARPENTIER, A. Boucherie et Cᵉ, succ.

9 782013 346467